HERMANNSHOF

Schau- und Sichtungsgarten

HERMANNSHOF

Fotos

Philippe Perdereau

Text

Cassian Schmidt

Ulmer

EINFÜHRUNG

DER SCHAU- UND SICHTUNGSGARTEN HERMANNSHOF IN WEINHEIM

Der 2,3 ha große Schau- und Sichtungsgarten Hermannshof liegt in einer klimatisch besonders begünstigten Lage am Rande des Oberrheingrabens. Die Region „Badische Bergstraße" am Westhang des Odenwaldes zählt zu den wärmsten Gebieten in ganz Deutschland. Mittelmeer-Zypressen, Pinien, Feigen und immergrüne Magnolien können hier ohne Schutz im Freien gedeihen. Das Frühjahr beginnt meist schon Mitte bis Ende März mit der Mandelblüte, gefolgt von einer vielfältigen Obstblüte mit Kirschen, Äpfeln und Birnen. Schon die Römer wussten das günstige Klima an der „strata montana" zu schätzen. Sie führten auch den Weinbau in der Region ein und brachten die Edel-Kastanie (*Castanea sativa*) mit, die heute noch in den Wäldern um Weinheim verbreitet ist. Einige über 120jährige Exemplare finden sich auch im Hermannshof.

Das milde Weinbauklima der Bergstraße ermöglicht die Kultur einer großen Pflanzenvielfalt. So kann man im Hermannshof über 2.500 Staudenarten und -sorten, sowie über 400 in Deutschland zum Teil sehr seltene Gehölzarten kennen lernen. Die im Garten kultivierten Pflanzen stammen überwiegend aus den verschiedensten Regionen der gemäßigten Breiten Europas, Nordamerikas, Ostasiens sowie Klein- und Zentralasiens. Bei der Gestaltung der Pflanzenkombinationen dienen häufig in der Natur vorkommende Pflanzengesellschaften als Vorbild und Inspiration.

GARTENLEIDENSCHAFT AUS FAMILIENTRADITION

Von 1981-83 ließ die Besitzerfamilie eines der größten deutschen Familienunternehmen, der Unternehmensgruppe Freudenberg, ihren Privatpark „Hermannshof" mit privaten Mitteln als öffentlich zugänglichen Sichtungsgarten umgestalten. Das vorrangige Ziel sollte es sein, auf andere private Gartenbesitzer bildend einzuwirken und die Gartenkultur allgemein voranzubringen. Der Hermannshof sollte deshalb nicht nur ein schöner Garten sein, sondern eine wissenschaftliche Einrichtung werden. Die Voraussetzungen waren günstig. Schon bevor der Hermannshof im Mai 1983 als Schau- und Sichtungsgarten der Öffentlichkeit zugänglich gemacht wurde, war er in Fachkreisen als einer der wenigen pflanzenreichen Privatparks in Deutschland ein Begriff.

Der Park besteht schon seit über 200 Jahren. 1888 erwarb Hermann-Ernst Freudenberg (1856-1923) das 2,3 ha große Anwesen. Nach ihm wurde der Garten später Hermannshof genannt. Zusammen mit seiner Frau Helene trugen er und später zwei weitere gartenbegeisterte Generationen der Industriellenfamilie Freudenberg eine beachtliche Sammlung seltener Gehölze zusammen, die zu mächtigen Exemplaren heranwuchsen. Ab 1924 legte der damals sehr bekannte Landschaftsarchitekt Prof. Heinrich Wiepking-Jürgensmann (1891-1973) den Garten im architektonischen Stil für die passionierte Pflanzenkennerin Ida Freudenberg und ihren Mann Hans neu an. Wiepking gab der Besitzerfamilie damals nicht nur ein für die damalige Zeit äußerst fortschrittliches Pflegekompendium an die Hand, sondern er begleitete die Weiterentwicklung des Parks auch persönlich fast 40 Jahre lang.

Der Hermannshof um1920 mit dem jungen Mammutbaum und Rhododendron-Pflanzungen.

Die Gartenanlage um 1955 nach der Umgestaltung durch Heinrich Wiepking-Jürgensmann.

Nach dem Krieg besetzten die Amerikaner Haus und Garten. Während dieser Besatzungszeit betraten Hans und Ida Freudenberg den Garten nicht. Dennoch wurde der Park weiterhin gepflegt. Nachdem Mitte der 1970er-Jahre die Besitzerfamilie aus der Villa ausgezogen war, übernahm die Firma Freudenberg das Grundstück und sorgte für die Unterhaltung des Anwesens. Das Interesse der Familie an dem Garten ließ aber nach und eine wirtschaftliche Nutzung durch Bebauung stand im Raum. Letztlich ist es dem beharrlichen Engagement von Dr. Gisela Freudenberg und insbesondere ihrem Mann Hermann Freudenberg (1924-2010) zu verdanken, dass der Garten dennoch nicht aufgelöst wurde und durch einen gemeinnützigen Verein bis heute erhalten werden konnte.

VISION FÜR EIN NEUES GARTENKONZEPT

Der entscheidende Anstoß für ein neues Konzept für den Hermannshof kam Ende der 1970er-Jahre von einem Mitglied der Familie[1]. Die Landschaftsarchitektin Gerda Gollwitzer (1907-1996), die über viele Jahre Chefredakteurin der Fachzeitschrift „Garten + Landschaft" war, brachte die Idee auf, das Gelände nach dem Vorbild von Weihenstephan zu einem Sichtungsgarten umzugestalten. Gut ein Jahr später, im Frühjahr 1979, wurde von Gerda Gollwitzer ein sehr kompetentes Fachkuratorium für erste Planungsüberlegungen zusammengestellt. Es bestand neben ihr aus Prof. Richard Hansen, Prof. Walter Rossow und Prof. Hans Luz, der später die eigentliche Planung übernahm. Diese frühen Weichenstellungen und die Beteiligung herausragender Persönlichkeiten aus der Pflanzenverwendung und der Landschaftsarchitektur waren sicher entscheidend für den weiteren Erfolg des Projektes.

Grundlage für die Entwicklung eines tragfähigen Konzeptes war ein im April 1979 von Prof. Richard Hansen (1912-2002) verfasstes Gutachten mit dem Titel: „Eine neue Aufgabe für den Hermannshof in Weinheim - Der Hermannshof als Zentrum der Gartenkultur"[2]. Neben dem Schutz der wertvollen Anlage und der möglichen Nutzung als Sichtungsstandort im südwestdeutschen Weinbauklima, stellt Hansen besonders den zukünftigen Vorbildcharakter und den Bildungsauftrag des zu entwickelnden Sichtungsgartens heraus. Auch seine Hoffnung auf zukünftige positive

[1] Freudenberg, Hermann (2008): 25 Jahre Schau- und Sichtungsgarten Hermannshof. In: Festrede zum 25jährigen Jubiläum. Weinheim (unveröffentlichtes Manuskript).

[2] Hansen, Richard (1979): Eine neue Aufgabe für den Hermannshof in Weinheim - Der Hermannshof als Zentrum der Gartenkultur. In: Gutachten zur Umgestaltung des Hermannshofes, S. 12-13. Freising (unveröffentlicht).

Der Hermannshof im April 2011 mit dem 1888 gepflanzten Mammutbaum und der Yulan-Magnolie vor der Villa sowie den beiden 125jährigen *Magnolia* x *soulangeana* 'Lennei Alba' in der Rasenfläche.

Auswirkungen des Hermannshofes auf die Staudenverwendung im öffentlichen Grün formuliert Hansen im Gutachten sehr eindringlich: *„Die blumenleeren, monotonen, öffentlichen Anlagen in vielen Städten (....), die meist nur aus gleichförmigen Bäumen und Rasen bestehen, lassen kaum ahnen, wie sehr sie durch Blütenstauden in rechter Artenwahl, bei nur geringem Aufwand, belebt und bereichert werden können"* [2].

DAS KONZEPT DER LEBENSBEREICHE

Der von Prof. Richard Hansen 1948 gegründete Sichtungsgarten Weihenstephan in Freising diente zwar als wichtige Anregung für den Weinheimer Garten, dennoch entstand in den Jahren 1981 bis 1983 mit dem Hermannshof ein völlig neuer Typus eines Schau- und Sichtungsgartens, der in dieser Form noch kein Vorbild hatte. Nach den Vorstellungen von Prof. Urs Walser, der für die gesamte Pflanzplanung verantwortlich war und später den Garten bis 1998 leitete, sollte im Hermannshof nicht - wie in anderen Sichtungsgärten bisher üblich - die Sortimentssichtung im Vordergrund stehen. Schwerpunkt sollte vielmehr die Verwendungssichtung sein, das heißt die Beobachtung gärtnerischer Pflanzengemeinschaften unter standörtlichen, ökologischen, ästhetischen sowie pflegetechnischen Aspekten. Die Anwendbarkeit der Erkenntnisse für das öffentliche aber auch das private Grün ist bis heute eine wesentliche Aufgabe des Gartens. Anfang der 1980er-Jahre war das noch ein sehr neuer Aspekt.

Das Konzept des Hermannshofes basiert bis heute auf der Lehre von Richard Hansen über die Lebensbereiche der Stauden. In einem Lebensbereich werden Pflanzen mit gleichen oder zumindest ähnlichen Standortansprüchen im Garten miteinander kombiniert. Damit entscheiden nicht allein die ästhetisch wirksamen Eigenschaften über die Pflanzenauswahl, sondern in gleichem Maße die am jeweiligen Ort herrschenden Standortbedingungen. Pflanzen entwickeln sich nur dann zu ihrer vollen Schönheit, wenn ihre Ansprüche an Licht, Boden und Klima erfüllt werden. Dieser Grundgedanke gilt aber auch in umgekehrter Weise: nämlich, dass es für fast jeden Gartenstandort geeignete Stauden gibt.

Die häufigsten Standortsituationen von Stauden in Gärten und Grünanlagen werden im Sichtungsgarten Hermannshof in acht unterschiedlichen Lebensbereichen dargestellt:

Gehölz und Gehölzrand
Pflanzungen mit europäischen, ostasiatischen und nordamerikanischen Wald- und Waldrandstauden.

Freiflächen
Trockene Prärie- und Steppen-Pflanzungen, Hochgrasprärie-Pflanzungen im Präriegarten sowie Feuchtwiesen-Pflanzungen am Teich.

Steppenheide und Felssteppe
Pflanzungen der trockenen Steppenheiden und mediterranen Felsheiden.

Wasserrand und Wasser
Teich mit Pflanzungen der Sumpfzone, der Flachwasserzone und der Seerosenzone.

Beet
Pflanzungen aus Beet- und Prachtstauden, nordamerikanische und asiatische Beetstauden, Strauch- und Stauden-Päeonien sowie Wechselflor mit Einjährigen.

Diese Lebensbereiche werden durch verschiedene Pflanzthemen mit unterschiedlichen jahreszeitlichen Höhepunkten weiter untergliedert, die auf dem Plan auf Seite 10/11 dargestellt sind.

BESONDERE GEHÖLZE IM HERMANNSHOF

Viele eindrucksvolle Baumriesen wie der Berg-Mammutbaum (*Sequoiadendron giganteum*) und die Yulan-Magnolie (*Magnolia denudata*) vor der Villa wurden im Jahr 1888 gepflanzt, sind also über 120 Jahre alt. Zwei Platanen, eine 35 m hohe *Platanus* x *hispanica* und eine seltene *Platanus orientalis*, die größte und älteste in Deutschland, stammen sogar aus dem Jahr 1770. Nicht weniger prägend sind der über 120jährige Fächerbaum (*Ginkgo biloba*) und mehrere große Koniferen, wie die Atlas-Zedern (*Cedrus atlantica* 'Glauca'), der 1950 gepflanzte Urweltmammutbaum (*Metasequoia glyptostroboides*) und die über 120jährige, mächtige Griechische Tanne (*Abies cephalonica*). Eine frei ausgepflanzte Braut-Myrte (*Myrtus communis*) gilt als ältestes und größtes Exemplar in Deutschland. Die Pflanze wurde im Jahr 1879 von einem Steckling aus dem Brautkranz der Helene Freudenberg gezogen. Das inzwischen über 8 m hohe und breite Gehölz muss von November bis Ende März durch ein mobiles Überwinterungshaus vor stärkerem Frost geschützt werden.

Immer wieder begegnen dem Besucher seltenere, empfindliche Bäume und Sträucher wie die immergrüne Eiche (*Quercus* x *turneri* 'Pseudoturneri'), die Duftblüte (*Osmanthus* x *burkwoodii*) und der Judasbaum (*Cercis siliquastrum*). Die Gruppe der Hartriegelgewächse ist besonders zahlreich vertreten, unter anderem durch die fantastischen Blumen-Hartriegel aus Nordamerika (*Cornus florida* und *Cornus nuttallii* und Hybriden), deren Blüten Ende April und im Mai erscheinen und die etwas später blühenden ostasiatischen Verwandten dieser Gattung (*Cornus kousa* var. *chinensis* und *Cornus* x *rutgersensis*). Sie sind am Gehölzrand des Präriegartens und am ostasiatischen Gehölzrand sowie hinter der Villa zu bewundern. Die eng verwandten Arten des europäischen und asiatischen Raums (*Cornus mas* und *Cornus officinalis*) erblühen dagegen schon in den Vorfrühlingstagen des März und schmücken sich im Herbst mit scharlachroten Früchten.

Das Frühjahr ist neben der spektakulären Tulpenblüte im April auch die Zeit der Glyzinienblüte. Der 1924 vom Landschaftsarchitekten Heinrich Wiepking-Jürgensmann (1891-1973) angelegte Glyzinien-Laubengang an der Nordmauer des Gartens ist Ende April und Anfang Mai eines der schönsten Frühjahrsmotive im Hermannshof. Es sind zwei verschiedene Arten zu sehen: Der Chinesische Blauregen (*Wisteria sinensis*) und der etwas später blühende Japanische Blauregen (*Wisteria floribunda* 'Macrobotrys Longissima'), der über einen Meter lange Blütentrauben trägt. Ebenfalls Anfang Mai erblüht der aparte Tauben- oder Taschentuchbaum (*Davidia involucrata* var. *vilmoriniana*). Seine eigenartigen Blüten sind von großen weißen Hochblättern umgeben, die an im Baum hängende Taschentücher erinnern. Sie erscheinen erst, wenn der Baum ein Mindestalter von 15 bis 20 Jahren hat.

BILDUNGSAUFTRAG DES GARTENS

Seit 1983 leistet der Sichtungsgarten Hermannshof als private Bildungs- und Forschungseinrichtung einen wesentlichen Beitrag zur Gartenkultur in Deutschland. Mittlerweile besuchen jährlich über 130.000 Garteninteressierte den Garten und haben kostenlosen Zutritt. Auf dem Gebiet der Staudenverwendung betreibt der Hermannshof innovative Forschung und ist heute Vorbild für zahlreiche Projekte im öffentlichen und privaten Grün. Beispielhafte, standortgerechte Staudenpflanzungen geben Impulse für Privatgärtner sowie für

Die Beetstaudenpflanzungen vor dem Gärtnerhaus zur Zeit der Tulpenblüte im April.

Derselbe Blick zur Zeit der Asternblüte Anfang Oktober.

Landschaftsarchitekten und Grünflächenämter. Vor dem Hintergrund der durch den Klimawandel zunehmend extremer werdenden Umweltbedingungen im städtischen Grün bieten die gewonnenen Erkenntnisse den Kommunen neue Konzepte zur Qualitätsverbesserung und Pflegekostenersparnis.

Eine wichtige Zielsetzung ist der Kontakt und der Austausch mit den Hochschulen. Seit 1999 besteht eine enge Kooperation mit dem Studiengang Landschaftsarchitektur der Hochschule Geisenheim University (vormals Hochschule RheinMain, Fachbereich Geisenheim). Die Geisenheimer Studenten haben - gegenüber vielen anderen Hochschulstandorten - das Privileg, den Hermannshof als Lehrgarten für Vorlesungen, Übungen und planerische Projektarbeiten zu nutzen. Das didaktische Konzept der Lebensbereiche eignet sich dafür in hervorragender Weise.

FINANZIERUNG

Der Hermannshof ist der einzige Sichtungsgarten in Deutschland, der überwiegend privat durch ein Unternehmen finanziert wird. Alle anderen Schau- und Sichtungsgärten werden von staatlichen Lehr- oder Versuchseinrichtungen und damit von öffentlichen Einrichtungen getragen. Warum leistet sich ein Unternehmen einen solchen Garten? Für die Unternehmensleitung spielen dabei vor allem die Unternehmenskultur und die Werte der Familie Freudenberg eine wichtige Rolle. Soziale Verantwortung und bürgerschaftliches Engagement, „Corporate Responsibility", gehören seit 150 Jahren dazu. Die Unternehmensgruppe Freudenberg trägt durch ihren Finanzierungsanteil von 75% die Hauptverantwortung für den langfristigen Unterhalt des Gartens. 20 % der jährlichen Kosten werden aus öffentlichen Mitteln als Zuschuss von der Stadt Weinheim finanziert. Die finanzielle Absicherung ist ein wesentlicher Garant dafür, dass der Hermannshof in seiner Ausrichtung und Themenfindung sich nie dem Allgemeingeschmack verpflichtet fühlen musste, sondern experimentell neue Wege gehen konnte. Dies macht den Garten bis heute unverwechselbar und eigenständig im Charakter.

HERMANNSHOF
SCHAU- UND SICHTUNGSGARTEN

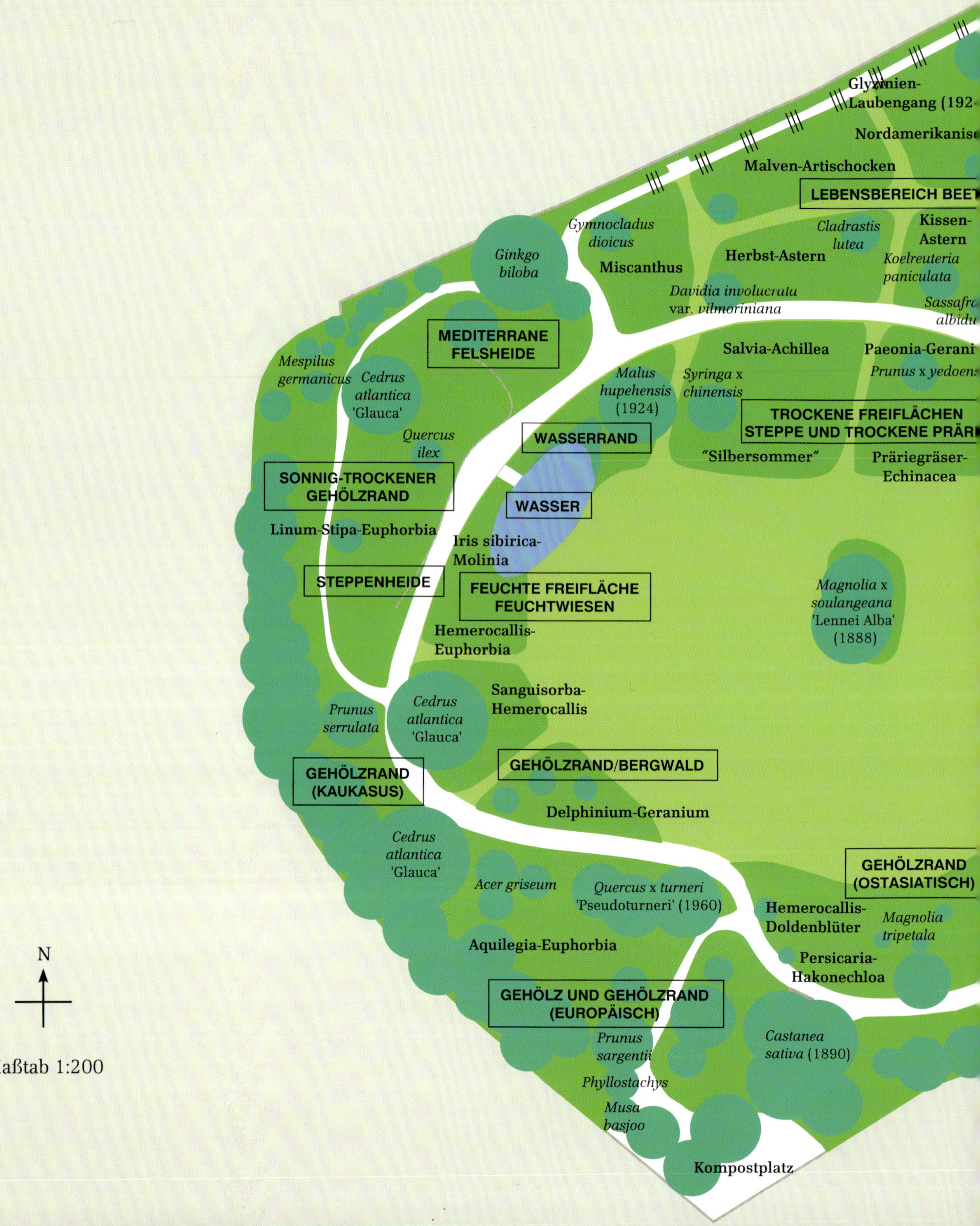

Eingang Babostraße
WC
Osmanthus x burkwoodii
Malus hupehensis
Ostrya carpinifolia
Amelanchier laevis (1960)
Hamamelis mollis (1960)
Winterblühende Gehölze
STRAUCH-PÄONIEN-GARTEN
Rosa roxburghii
Parrotia persica
Prunus dulcis
Ostrya carpinifolia
tstauden
rcis siliquastrum
Information Laden
Actinidia
Myrtus communis (1879)
Hochstauden/Gräser „Dutch Wave-Border"
Gärtner-haus
Kübel-Pflanzen
Prunus dulcis
Acacia dealbata
Wechselflor
MEDITERRANE GARRIGUE
Pflanzen der Kurzgrasprärie
Metasequoia glyptodtrosboides
Photinia serratifolia (1924)
Schuppen
Wechselflor
Cornus officinalis
Viburnum tinus 'Eve Price'
Liquidambar styraciflua
Pflanzen der Mischgrasprärie
Sophora japonica
Taxus baccata (1900)
Cornus capitata 'Porlock'
Platanus orientalis (1770)
Sequoiadendron giganteum (1888)
Pflanzen der Hochgrasprärie
Cornus 'Ascona'
Nyssa sylvatica
Villa
Konferenzhaus der Unternehmens-gruppe Freudenberg
PRÄRIEGARTEN (2001)
GEHÖLZRAND
Helleborus-Aquilegia
Magnolia denudata (1890)
Cornus florida 'Rubra'
Cornus nuttallii 'North Star'
GEHÖLZ (NORDAMERIKANISCH)
Quercus rubra
Rhododendron
Platanus x hispanica (1770)
Magnolia grandiflora
Cornus kousa var. chinensis
nemone-akonechloa
Farne
Metasequoia glyptostroboides (1949)
Ginkgo biloba (1890)
Eingang Grabengasse
Abies nordmanniana (1890)
GEHÖLZ (OSTASIATISCH)
arex-Hosta
Cedrus atlantica 'Glauca' (1888)
inus nigra sp. austriaca
Buxus sempervirens (1900)
arne
Abies cephalonica (1888)
LEBENSBEREICHE
Pflanzthemen
Pflanzennamen

→ BEETSTAUDEN-PFLANZUNGEN

Ein großer Bereich vor dem Gärtnerhaus zeigt verschiedene Bepflanzungsthemen mit Beet- und Prachtstauden. Es sind meist Hochstauden aus Nordamerika und Ostasien, die schon lange in Gärten kultiviert werden. Viele Züchtungen zeigen kräftigere Blütenfarben und vielfältigere Blütenformen als die ursprünglichen Wildformen. Die meisten Beetstauden verlangen nährstoffreiche, frische Böden und meist sonnige, warme Standorte.
Im Hermannshof müssen die Beetstauden im Sommer mit einer Tropfbewässerung zusätzlich bewässert werden. Beeindruckend sind die Pflanzungen vor allem im April zur Tulpenblüte sowie im Hoch- und Spätsommer mit den reich blühenden Hochstauden und Gräsern.
Mitte Mai werden in Lücken Sommerblumen zwischen die Stauden gepflanzt.

SEITE 12/13
Unter dem Zierapfel (*Malus floribunda*) breitet sich im April ein blauer Teppich aus Vergissmeinnicht (*Myosotis sylvatica* 'Annemarie Fischer') aus. Im Sommer wird die Fläche mit schattentoleranten, tief blauen *Ageratum houstonianum* 'Bukett' bepflanzt.

RECHTS
Ende April blüht der Judasbaum (*Cercis siliquastrum*) zusammen mit einfachen späten Tulpen 'Menton' (magenta) und 'Dordogne' (orange/magenta). Alle Tulpenzwiebeln können im sandig-lehmigen Boden verbleiben. Nach der Blüte muss das Tulpenlaub vollständig abreifen.

Die lilienblütigen Tulpen 'Ballerina' (orange) und 'White Triumphator' (weiß) zählen zu den robusteren Sorten. Die elegante, spitze Blütenform passt gut zum schmalen Laub der austreibenden Taglilien (*Hemerocallis*).

Die heimische Weinbergs-Tulpe (*Tulipa sylvestris*) bildet durch unterirdische Ausläufer und Tochterzwiebeln größere Bestände. Sie gedeiht noch an lichtschattigen, sommertrockenen Plätzen. Die eleganten, spitzen Blüten öffnen sich bei Sonne sternartig.

LINKS

Zwischen den austreibenden Stauden des Malven-Artischocken-Beetes bilden die Darwin-Hybrid-Tulpen 'Ivory Floradale' (elfenbeinweiß) und die Triumph-Tulpen 'Negrita' (tief purpur) eine Harmonie mit den Blüten von *Malus floribunda*.

Wisteria floribunda 'Macrobotrys Longissima' mit *Syringa* x *chinensis* und *Lunaria annua* 'Munstead Purple' im Malven-Artischocken-Beet. Die Wisterien erhalten im Januar/Februar einen speziellen Winterschnitt und einen zweimaligen Sommerschnitt. Die alten Wisterien des Laubenganges wurden 1924 gepflanzt. Die besonders langblütigen Pflanzen im Hermannshof stammen von einer alten Sorte aus den Gärten von Kyoto (Japan).

SEITE 18/19
Der Lebensbereich Beet vor dem Gärtnerhaus Ende April mit Tausenden von Tulpen in warmen und kühlen Farbtönen, die jeweils mit den Blütenfarben von *Malus floribunda* und *Cercis siliquastrum* harmonieren. Der gelbgrüne Laubaustrieb des Amerikanischen Gelbholzes (*Cladrastis lutea*) unterstützt das frühlingshafte Bild.

RECHTS
Im Strauchpäonien-Garten, der 1999 angelegt wurde, blühen Ende April bis Mitte Mai große Sträucher von *Paeonia rockii* zusammen mit einer alten, als Hochstamm gezogenen weißen *Wisteria floribunda* 'Shiro Noda' ('Longissima Alba'). Die Hybriden der Rocks Strauchpfingstrose (*Paeonia rockii*-Hybriden) sind besonders winterhart und zeigen einen harmonischeren Wuchs mit besserer Verzweigung. Jedes Blütenblatt trägt einen auffällig schwarzroten Basalfleck.

Die Wilde Artischocke (*Cynara cardunculus*) ist mit ihrem silbrigen Laub Anfang Mai die Charakterpflanze im Malven-Artischocken-Beet, begleitet von *Allium stipitatum* 'Mount Everest' und gefüllter Akelei (*Aquilegia vulgaris* var. *stellata* 'Ruby Port').

Im Oktober bilden die trockenen Fruchtstände der Artischocken einen Kontrast zu einjährigen Pflanzen wie *Ricinus communis* 'Carmencita Red', *Zinnia elegans* 'Royal Purple' und *Salvia* 'Indigo Spires'. Im Winter müssen die Artschocken durch Anhäufeln mit trockenem Laub und zusätzlich Vlies gegen stärkeren Frost geschützt werden. Nur so überleben sie zuverlässig und blühen jedes Jahr reicher.

SEITE 24/25
Das Malven-Artischocken-Beet im Juli mit *Echinops ritro* und *E. sphaerocephalus, Alcea rosea, Centaurea glastifolia* und Doldenblütlern wie dem Riesen-Haarstrang (*Peucedanum verticillare*) und dem Purpur-Fenchel (*Foeniculum vulgare* 'Smokey').

Nordamerikanische Beetstauden für frische Standorte: Indianernessel (*Monarda fistulosa* var. *fistulosa*), Sonnenauge (*Heliopsis helianthoides* 'Summer Nights') zusammen mit Rutenhirse (*Panicum virgatum* 'Dallas Blues').

LINKS

Üppige, feuchtigkeitsbedürftige Beetstauden in spannungsvollem Farbdreiklang: Orangerote *Hemerocallis* 'Sammy Russel' mit *Echinops bannaticus* 'Taplow Blue' und *Inula helenium* 'Sonnenstrahl'.

Die vom holländischen Stil des „Dutch Wave" inspirierte Pflanzung zeigt *Bistorta amplexicaule* 'Orange Field', *Aster umbellatus, Eupatorium cannabinum* 'Plenum', kombiniert mit rotlaubigem Amaranth (*Amaranthus cruentus* 'Velvet Curtains').

SEITE 28/29

Am Rasenweg, der vom Gärtnerhaus in den Garten führt, werden im Hochsommer blühende Beetstauden in zwei unterschiedlichen Farbthemen gegenüber gestellt.
Links eine vom holländischen Stil des „Dutch Wave" inspirierte Pflanzung in Rosa, Purpur, Weiß und tiefem, samtigem Rot. Rechts nordamerikanische Beetstauden und Gräser in warmen Orange-, Braun- und Gelbtönen.

Ausschnitt aus derselben Pflanzung mit *Bistorta amplexicaule* 'Roseum', *Helenium* 'Rubinzwerg' und *Miscanthus sinensis* 'Undine'. Diese Stauden bevorzugen nährstoffreiche, lehmig-humose Böden mit gleichmäßiger Feuchtigkeit im Sommer.

Nordamerikanische Beetstauden, hier *Solidago canadensis* 'Strahlenkrone', lassen sich gut mit einjährigen Sommerblumen wie *Zinnia elegans* 'Oklahoma Scharlach', *Rudbeckia hirta* 'Rustic Colours' und *Verbena bonariensis* kombinieren. Die einjährigen Pflanzen werden alljährlich in der eigenen Gärtnerei vorgezogen und erst ab Mitte Mai nach dem Abreifen des Tulpenlaubes in die Lücken gepflanzt.

Helenium 'Zimbelstern' blüht über einige Wochen von Juli bis September. Wenn man die hohen Beetstauden Ende Mai bis Anfang Juni um ein Drittel ihrer Höhe einkürzt, verzweigen sie besser, bleiben niedriger und standfester.

SEITE 34/35

Blick aus dem Gärtnerhaus über die Beete der Beet- und Prachtstauden im September. Links Hochstauden und Gräser mit *Miscanthus sinensis* 'Undine', rechts nordamerikanische Beetstauden mit Gräsern und dem Judasbaum (*Cercis siliquastrum*).

Von September bis in den Winter hinein dominieren im Lebensbereich Beet hohe Gräser: *Miscanthus sinensis* (vorn) und *Panicum virgatum* 'Dallas Blues' (im Hintergrund). Sie werden erst im Spätwinter zurück geschnitten.

Das Kissenastern-Beet mit *Aster dumosus* 'Blaue Lagune', dem Garten-Reitgras (*Calamagrostis* x *acutiflora* 'Karl Foerster') und dem seltenen, aromatisch duftenden Fenchelholzbaum (*Sassafras albidum*) aus Noramerika. Sein interessant gelapptes Laub verfärbt sich später prachtvoll rotorange bis rotviolett. Der Fenchelholzbaum gedeiht nur auf leicht sauren bis neutralen, sandigen Böden.

Das Astern-Beet zum Höhepunkt Ende September: *Aster novae-angliae* 'Rubinschatz', *Aster novi-belgii* 'Stölzle' mit einjährigen Cosmeen (*Cosmos bipinnatus* 'Versailles Rot') und dem Diamantgras (*Calamagrostis brachytricha*). Damit die Astern standfest bleiben und besser verzweigen, werden sie Ende Mai um gut ein Drittel zurück geschnitten.

SEITE 40/41
Blick aus dem Gärtnerhaus über den Bereich der nordamerikanischen Beetstauden. Noch Mitte November geben die Gräser Struktur und vermitteln den Eindruck einer weiten Prärielandschaft.

RECHTS
Das Herbstastern-Beet mit *Pennisetum alopecuroides* 'Weserbergland', *Aster novae-angliae* 'Rudelsburg', dahinter *Aster novi-belgii* 'Schöne von Dietlikon' und *Calamagrostis brachytricha*. Am Weg gegenüber liegt die trockene Salbei-Schafgarben-Pflanzung. Die Purpur-Fetthenne (*Sedum telephium* 'Herbstfreude') harmoniert gut mit den kühlen Farben der Herbst-Astern.

→ FEUCHTWIESEN UND WASSERRAND

Die Stauden des Lebensbereiches "Feuchte Freiflächen" stammen ursprünglich aus Feuchtwiesen, von Fluss- und Teichufern sowie aus feuchten Hochstaudenfluren. Die Standorte sind häufig eng verzahnt mit den noch feuchteren bis dauernassen Teich- und Bachrändern (Lebensbereich Wasserrand). Es sind meist üppige Hochstauden für frische bis feuchte Böden an sonnigen Standorten. Sie blühen sowohl im Frühsommer als auch im Hochsommer, je nach Herkunftsgebiet. Anfang Juli werden manche Bereiche mit vorsommerblühenden Arten abgemäht, damit die Stauden wieder frisch durchtreiben und bis zum Herbst ansehnlich bleiben. Das Schnittgut verbleibt als Mulchmaterial auf der Fläche.

RECHTS
Der Teich wird von Feuchtwiesenstauden umgeben. Im April blühen duftende *Narcissus poeticus* 'Edna Earl' vor einem 60 Jahre alten *Malus hupehensis*. Im Hintergrund öffnet sich der Blick zum Bereich der Beetstauden mit *Malus floribunda* und *Syringa* x *chinensis* vor dem *Wisteria*-Laubengang.

Anfang Mai blühen weiße Prärielilien (*Camassia leichtlinii* 'Alba'). Es sind robuste, langlebige Zwiebelpflanzen für frühjahrsfeuchte, aber nicht staunasse Wiesenbereiche.

Die Wildform von *Iris sibirica* trägt kleinere, hellblaue Blüten mit dunklerer Aderung auf den Hängeblättern. Wiesen-Iris bevorzugen in der Natur feuchte Böden, im Garten nehmen sie aber auch mit normalen, lehmig-humosem Böden vorlieb.

LINKS
Sibirische Schwertlilien (*Iris sibirica* 'Caesars Brother') tauchen die Feuchtwiesenpflanzungen Mitte Mai in sphärisches Blauviolett. Dahinter - durch einen Kiesweg getrennt - erhebt sich ein trockener Hügel mit Pflanzen der mediterranen Felsheiden.

SEITE 46/47
Die Feuchtwiesenpflanzung Anfang Mai mit Sumpf-Wolfsmilch (*Euphorbia palustris*), Wiesenknöterich (*Bistorta officinalis* 'Superbum'), *Hemerocallis middendorfii* und Prärielilien (*Camassia cusickii* und *Camassia leichtlinii* subsp. *suksdorfii*). Nachdem das Laub der Narzissen und Prärielilien eingezogen ist, werden Teile der Pflanzung Anfang Juli bis auf den Boden abgemäht. Die schnittverträglichen Arten wie Frauenmantel, Storchschnabel und Wiesenknöterich treiben bald wieder aus.

Ein ungewöhnliches Paar in der "Rittersporn-Pflanzung" am kühlen, hellen Gehölzrand ist der Chinesische Riesen-Türkenbund (*Lilium henryi*) zusammen mit dem heimischen Echten Baldrian (*Valeriana officinalis*). *Lilium henryi* zählt zu den robustesten Gartenlilien, da sie frei von Pilzkrankheiten ist. Sie bevorzugt frische, nährstoffreiche Böden und helle Standorte am Gehölzrand.

LINKS

Effektvolle Kombination aus Hochstauden der Feuchtwiesen: Orangerote *Hemerocallis* 'Sammy Russel' mit weißen *Sanguisorba tenuifolia* var. *alba* 'Albiflora'.

→ GEHÖLZ UND GEHÖLZRAND

Diese beiden Lebensbereiche sind durch den lichten bis tiefen Schatten von Gehölzen geprägt. Die Stauden haben sich mit großen oder ledrigen Blättern an die Lichtarmut und die zeitweilige Trockenheit ihres Lebensraumes angepasst. Gestalterisch spielen vor allem die unterschiedlichen Texturen und Grüntöne der Belaubung eine Rolle. Blüten gibt es vorwiegend im Frühling, wenn noch genügend Licht durch die Bäume dringt. Am Gehölzrand sind die Verhältnisse deutlich günstiger, so dass hier üppige Stauden, beispielsweise aus Ostasien, gedeihen können. Die meisten Stauden dieses Lebensbereiches bevorzugen humose, frische Böden und eine hohe Luftfeuchtigkeit sowie kühle Standorte.

RECHTS

Breite Gräserbänder aus Japanwaldgras (*Hakonechloa macra*) geben dem ostasiatischen Gehölzrand Struktur und Rhythmus und verbinden die Pflanzung mit dem Rasen. Im Herbst und Winter nimmt das Gras eine schöne zimtfarbene Tönung an.

Japan-Anemonen bilden die Leitstauden des ostasiatischen Gehölzrandes. Sie blühen von August bis Ende Oktober. *Anemone hupehensis* 'Overtüre' blüht als früheste Sorte schon Ende Juli und ziert im Herbst mit wolligen Samenständen.

Großblättrige Stauden wie *Hosta* 'Sum and Substance' mit *Actaea rubra* und üppige Gehölze wie *Magnolia tripetala* unterstützen den Eindruck eines subtropisch anmutenden ostasiatischen Monsunwaldes.

LINKS

Ein schmaler Pfad führt durch die Pflanzung des ostasiatischen Gehölzrandes: *Carex*-Arten mit feiner Textur stehen im Kontrast zu *Hosta*-Sorten mit grober Textur. Seltene ostasiatische Gehölze wie Scheinhasel (*Corylopsis himalayana*), Chinesische Blüten-Hartriegel (*Cornus kousa*-Hybriden) und Magnolien (*Magnolia tripetala*) sorgen für lichten Schatten.

Der gefüllte Japanische Schneeball (*Viburnum plicatum* 'Rotundifolium') ergibt zusammen mit dem spanischen Hasenglöckchen (*Hyacinthoides hispanica* 'Blue Queen') eine perfekte Kombination im Mai. Diese besondere Sorte wird selten gepflanzt. Die ballförmigen Blüten sind zunächst schön apfelgrün gefärbt und werden erst später reinweiß. Die lang anhaltende Herbstfärbung im Oktober zeigt violette bis rote Tönungen.

Salomonssiegel (*Polygonatum biflorum*), *Hosta* x *tardiana* 'June' und Schaublatt (*Rodgersia pinnata* 'Maurice Mason') sind schöne Blattschmuckstauden im kühlen Schatten des ostasiatischen Gehölzrandes.

Ende April bis Anfang Mai blühen die verschiedenen amerikanischen Blüten-Hartriegel am Gehölzrand des Präriegartens. Besonders auffällige rote Hochblätter trägt *Cornus florida* 'Rubra', daneben rechts *Cornus nuttallii* 'North Star'. Im sonnigen Präriebereich im Hintergrund blühen zur selben Zeit die blauvioletten Prärielilien (*Camassia leichtlinii* subsp. *suksdorfii*).

SEITE 58/59
Im Lebensbereich Gehölz mit dem Thema „Europäische Waldstauden" dominieren Anfang Mai die Akeleien (*Aquilegia vulgaris*) in verschiedenen Farbtönen, begleitet von grüngelber Mandelblättriger Wolfsmilch (*Euphorbia amygdaloides*). Akeleien sind kurzlebig, versamen sich aber reichlich in Lücken, wenn man nach der Blüte ein paar Samenstände stehen lässt. Die verschiedenen Farbtöne bleiben dabei erhalten.

RECHTS
Eine gut winterharte, reich blühende Hybride zwischen dem ostamerikanischen *Cornus florida* und dem westamerikanischen *Cornus nuttallii* ist *Cornus* 'Ascona'. Die Sorte wird in den Gärten in der Umgebung von Ascona (Tessin) gerne gepflanzt. Amerikanische Blüten-Hartriegel brauchen durchlässige, neutrale Böden und warme, luftfeuchte Sommer, um gut Blüten anzusetzen.

→ TROCKENE PRÄRIEPFLANZUNG

Die 2006 angelegte „Gräser-Echinacea-Pflanzung“ zeigt viele besondere und zum Teil neu eingeführte Arten trockener Präriestandorte. Viele der Stauden wurden aus Samen angezogen, die während einer Exkursion in die Ozark Mountains und die Prärien von Missouri gesammelt wurden. Charakterpflanzen sind verschiedene Scheinsonnenhut-Arten (*Echinacea*) zusammen mit Präriegräsern, die bandartig gepflanzt wurden. Die Pflanzung ist 5–8 cm hoch mit einem Gesteinsplitt (Porphyr 8–16 mm) gemulcht und wird auch bei längerer Trockenheit nicht gewässert.
Die Pflanzenkombination war Grundlage für die Entwicklung der Präriemischpflanzungen "Präriemorgen" (rosa/purpur/weiß) und "Indianersommer" (gelb/orange/violett).

RECHTS
Verschiedene Scheinsonnenhut-Arten wie *Echinacea pallida* und *Echinacea simulata* werden als Charakterpflanzen zusammen mit Gräsern (*Nassella tenuissima*) verwendet, um die Essenz der Prärielandschaft in den Garten zu übertragen.

Ein benachbarter Bereich ist in kühlen Farbtönen von Purpur über Rosa bis Weiß und Silbergrau gehalten. Ende Mai blühen *Monarda bradburiana, Echinacea simulata, Nassella tenuissima* und *Artemisia ludoviciana* 'Dakota Strain'.

LINKS
In der trockenen Präriepflanzung beginnt die Blütezeit früher als in den höheren Varianten auf frischem Boden. Im Mai blühen Bartfaden (*Penstemon strictus*), Mädchenauge (*Coreopsis grandiflora*) und Grüne Seidenpflanze (*Asclepias viridis*).

Die trockene Präriepflanzung im Juli mit Mexikanischem Fiedergras und dem Weißgrauen Bleibusch (*Amorpha canescens*). Der Zwergstrauch treibt aus der verholzten Basis wieder aus, wenn er stark zurück geschnitten wird.
Auch nach der Blüte bilden die bleigrauen Samenstände bis in den Winter hinein einen schönen vertikalen Kontrast zur weichen Struktur von *Nassella tenuissima*.

RECHTS

Das Mexikanische Fiedergras (*Nassella tenuissima*) trägt schon Mitte Juli strohfarbene, reife Samenstände, während der Bleiche Scheinsonnenhut (*Echinacea pallida*) und *Echinacea simulata* im Hintergrund noch für Farbe sorgen. Die kegelförmigen Samenstände der Scheinsonnenhüte bleiben bis in den Spätwinter attraktiv und sorgen für Struktur.

Die mit den Glockenblumen verwandte Ballonblume (*Platycodon grandiflorus*) inmitten von *Nassella tenuissima*. Sie ist zwar keine Präriestaude, wächst aber in vergleichbar trockenen Lebensräumen in den Steppenwiesen Nordostasiens. Die Ballonblume treibt aus einem dicken, fleischigen Wurzelstock ebenso spät aus wie viele halbhohe Präriestauden, mit denen sie sich gut kombinieren lässt.

Die Knollige Seidenpflanze (*Asclepias tuberosa* var. *interior*) wird selten gepflanzt, weil sie als nicht zuverlässig winterhart gilt. Die Varietät *interior* aus dem kontinentalen Mittelwesten der USA ist viel robuster als andere Formen. Dennoch benötigt die Art gut durchlässigen, am besten sandigen Boden. Der Name Seidenpflanze bezieht sich auf die seidenartigen Samenhaare, die im August aus den Samenständen hervorquellen.

LINKS

Der Porphyrsplitt des Weges ist ein lokales Gestein, welches im nahen Odenwald abgebaut wird. Dasselbe Material verwenden wir in der trockenen Präriepflanzung auch für eine 7-8 cm dicke mineralische Mulchdecke. So wird die Austrocknung des Bodens vermindert, das Unkrautaufkommen reduziert und für einen guten Wasserabzug am Wurzelhals der Stauden gesorgt.

SEITE 68/69

Der gelbe Ozark-Scheinsonnenhut (*Echinacea paradoxa* var. *paradoxa*) aus Missouri und die blaue Ballonblume (*Platycodon grandiflorus*) aus Nordostasien bilden Mitte Juli einen schönen Komplementärkontrast in der Präriepflanzung. Beide Arten bevorzugen trocken-warme Standorte. Begleiter sind der scharlachrote Bartfaden (*Penstemon barbatus*) und *Coreopsis* 'El Dorado', eine Züchtung aus dem Hermannshof.

Im September erzeugen die filigranen Präriegräser zusammen mit Prärie-Astern (*Aster turbinellus*) eine schleierartige Wirkung. Die Samenstände der *Echinacea*-Arten sorgen für Kontraste. Besondere Sorten von Präriegräsern in der Pflanzung sind *Panicum virgatum* 'Shenandoah', *Sporobolus heterolepis* 'Weinheim', *Sorghastrum nutans* 'Konza' und *Andropogon hallii*.

Die trockene Präriepflanzung Anfang November: Die Herbstfärbung der Präriegräser wird gesteigert durch die spektakuläre Färbung der Gehölze im Hintergrund, wie *Malus hupehensis* und *Ginkgo biloba*.

SEITE 72/73

Der über 80jährige Chinesische Teeapfel (*Malus hupehensis*) prägt mit seiner auffälligen Herbstfärbung den Gartenbereich zwischen trockener Prärie, Steppe und den Feuchtwiesenpflanzungen am Teich. Dieser Wildapfel aus Hubei ist gut geeignet für das warme Weinbauklima, da er pilzresistent ist. Die kleinen, nur kirschgroßen roten Äpfel bleiben bis Januar am Baum, bis sie innerhalb weniger Tage von den Vögeln gefressen werden.

→ STEPPENPFLANZUNGEN

Steppen sind von trockenheitsverträglichen Gräsern und Stauden dominierte Landschaften Ost- und Südosteuropas sowie Zentralasiens. Niederschläge erhalten die Steppengebiete vorwiegend im Frühling und Vorsommer, der Hochsommer ist durch Niederschlagsarmut gekennzeichnet. Daher liegt die Hauptblütezeit der Steppenpflanzen im Vorsommer (Mai/Juni). Im Frühling sind zahlreiche Zwiebelpflanzen typisch, vor allem Tulpen- und Laucharten. Die von den Naturstandorten inspirierten Steppenpflanzungen im Hermannshof sind die Salbei-Schafgarben-Pflanzung, die Silbersommer-Pflanzung sowie die Steppenheide-Pflanzungen (Lein-Federgras-Hang und Blutstorchschnabelsaum). Die Pflanzungen werden auch bei längerer Trockenheit nicht gewässert. Eine mineralische Mulchschicht aus Splitt schützt den Boden gegen Austrocknung.

RECHTS
Die Salbei-Schafgarben-Pflanzung wurde inspiriert von den Wiesensteppen Zentralasiens und Osteuropas. Steppen-Salbei (*Salvia nemorosa*) und Goldgarbe (*Achillea filipendulina*) sind die Leitstauden, begleitet von Roter Witwenblume (*Knautia macedonica*).

Vorbild für die naturnahe Steppenheide-Pflanzung auf einem trockenen, kalkhaltigen Hügel gegenüber dem Teich sind die Halbtrockenrasen des Oberrheintales. Ende Mai blühen Graslilien (*Anthericum liliago*) und Voralpen-Klee (*Trifolium alpestre*).

SEITE 76/77
Knautia macedonica 'Melton Pastells' (linkes Bild) und die silbrigen Samenstände des Transsylvanischen Perlgrases (*Melica transsylvanica*) harmonieren in der "Silbersommer"-Pflanzung perfekt miteinander. Beide Arten sind relativ kurzlebige Stauden, die sich aber durch Selbstaussaat über viele Jahre in der Pflanzung halten können und dadurch für Dynamik und wechselnde Bilder sorgen.

Die Salbei-Schafgarben-Pflanzung Ende Mai: *Allium* 'Beau Regard' mit ballförmigen Blüten und die Köpfchen von *Knautia macedonica* bilden einen Kontrast zu den etagenförmigen Blüten von *Phlomis maximowiczii*.

Im Juli tritt der Steppencharakter der Salbei-Schafgarben-Pflanzung besonders deutlich hervor: Samenstände von *Allium, Phlomis* und Gräsern bilden schöne Strukturen, *Lilium regale* 'Royal Gold' bezaubert mit intensivem Duft.

SEITE 82/83

Im flirrenden Licht des Hochsommers wirkt die "Silbersommer"-Pflanzung leicht und filigran und erinnert an eine naturhafte Wiese. *Gaura lindheimeri* aus Texas und *Melica transsylvanica* aus Osteuropa verweben optisch miteinander.

RECHTS

In der Hitze des Hochsommers zeigt die Steppenpflanzung olivgrüne und silbrig grüne Tönungen. Der herb-aromatisch duftende Muskateller-Salbei im Vordergrund ist nur zweijährig, versamt sich aber gut im kiesigen Boden. Das selten verwendete, bis zwei Meter hohe Goldbartgras (*Chrysopogon gryllus*) aus Südosteuropa bildet den Hintergrund der Pflanzung. Es bleibt mit seinen lockeren Samenständen bis in den Winter als Struktur wirksam.

→ PRÄRIEGARTEN

Vorbild für den 2001 angelegten Präriegarten sind die Prärielandschaften im Mittelwesten Nordamerikas, die von verschieden hohen Gräsern und im Hochsommer blühenden Stauden dominiert werden. Je nach Höhe des Niederschlages lassen sich niedrige, trockene Kurzgrasprärien, mittelhohe, mäßig trockene Mischgrasprärien und bis über zwei Meter hohe Langgrasprärien auf frischen bis feuchten Böden unterscheiden. Diese Prärietypen mit ihren charakteristischen Stauden werden in verschiedenen Bereichen des Präriegartens gezeigt. Dennoch ist der Präriegarten keine Kopie des Originals, sondern versucht die Essenz und den Charakter der Prärievegetation gestalterisch darzustellen.

RECHTS
Der Purpur-Scheinsonnenhut (*Echinacea purpurea*) zählt im Juli und August zu den Charakterpflanzen des Präriegartens. Seine purpurroten oder weißen Blüten passen gut zum blaugrünen Laub der Indigolupine (*Baptisia australis*). Der Purpur-Scheinsonnenhut bevorzugt im Gegensatz zu anderen *Echinacea*-Arten frischere Böden und ist nur mäßig langlebig. Im Präriegarten versamt er sich selbst.

Ein schmaler "Indianerpfad" führt tief in die Hochgrasprärie-Pflanzung hinein und ermöglicht es, die Vielfalt der Präriestauden aus der Nähe zu betrachten. So können die Besucher nachvollziehen, wie sich die ersten Siedler vor 150 Jahren zwischen den hohen Stauden und Gräsern fühlten, als sie die weite Graslandschaft im Mittleren Westen Nordamerikas durchquerten.

SEITE 86/87

Im Morgenlicht leuchtet am lichtschattigen Gehölzrand *Phlox paniculata* 'Blue Paradise' in fantastischem blauviolett. Auf der anderen Seite des Kiesweges wächst auf trockenem Boden in voller Sonne *Echinacea pallida* zusammen mit halbhohen Gräsern. Der *Phlox* fühlt sich nur auf frischem Boden in kühler Lage am Rand des Präriegartens wohl. Bei zu viel Sonne und Hitze werden seine Blüten rötlich purpur.

RECHTS

Eine typische Staude der Hochgrasprärie ist der Nickende Präriesonnenhut (*Ratibida pinnata*). Die 1,5 m hohe Pflanze ist noch kaum bekannt. Charakteristisch sind die nach unten hängenden, hellgelben Zungenblüten und die kegelförmige Blütenmitte.

Ende September bis Mitte Oktober zeigt der Tupelobaum (*Nyssa sylvatica*) eine leuchtend scharlachrote Herbstfärbung. Er bevorzugt neutrale bis saure Böden und verträgt sowohl trockene als auch nasse Standorte. Der Effekt des amerikanischen "Indian Summer" wird im Präriegarten durch die spät blühenden Stauden wie *Aster turbinellus, Aster novae-angliae* und *Solidago speciosa* gesteigert.

LINKS

Ende August hat die Hochgrasprärie-Pflanzung ihre volle Höhe von über 2,5 m erreicht. Anfang Oktober blühen *Aster laevis, Solidago rigida, Rudbeckia triloba* und das Indianergras (*Sorghastrum nutans*). Der schmale, mit dunklem Lavasplitt bedeckte Pfad muss im Sommer regelmäßig frei geschnitten werden, damit er nicht zuwächst. Ende Januar werden alle Stauden des Präriegartens knapp über dem Boden zurück geschnitten, das Schnittgut wird kompostiert.

SEITE 92/93

Anfang November zeigt sich der Präriegarten besonders stimmungsvoll: Die Rottöne der Amberbäume (*Liqidambar styraciflua*) und der Hartriegel (*Cornus florida*) leuchten in Zusammenspiel mit den Brauntönen der Gräser im milden Herbstlicht. Im Vordergrund der Bereich der "Kurzgrasprärie" mit Palmlilien (*Yucca smalliana*), Kleinem Präriegras (*Schizachyrium scoparium*) und dem bodendeckenden Büffelgras (*Buchloe dactyloides*).

INFOS UND ADRESSE

ADRESSE

Schau- und Sichtungsgarten Hermannshof e.V.
Babostraße 5
69469 Weinheim/Bergstraße
Deutschland

www.sichtungsgarten-hermannshof.de
mail: info@sichtungsgarten-hermannshof.de
Tel: 0049-(0) 6201-13652
Fax: 0049-(0) 6201-340535

ÖFFNUNGSZEITEN

Sommer:
täglich geöffnet
April bis September: 10:00-19:00 Uhr
März und Oktober: 10:00-18:00 Uhr

Winter:
geöffnet Montag bis Freitag
(nicht an Wochenenden und Feiertagen)
November bis Februar: 10:00-16:00 Uhr
geschlossen vom 24.12.-06.01.

Der **Eintritt** in den privaten Garten ist kostenfrei.
Das Mitführen von **Hunden** ist im Garten nicht erlaubt.

Öffentliche Führungen: (kostenfrei)
Von April bis Oktober finden einmal im Monat jeweils sonntags, 11:00 Uhr, Führungen zu unterschiedlichen Themenschwerpunkten statt.
Aktuelles Programm siehe unter:
www.sichtungsgarten-hermannshof.de/Führungen

Private Führungen: (nach Vereinbarung, kostenpflichtig)
Für Gruppen bieten wir private Führungen an (nur in deutscher Sprache), die telefonisch unter 06201-13652
oder per E-Mail: info@sichtungsgarten-hermannshof.de
im Voraus gebucht werden können. Preise auf Anfrage.

Die Pflanzungen der nordamerikanischen Beetstauden
im Abendlicht vor dem Gärtnerhaus, erbaut im Jahr 1892.

BILDQUELLEN

Seite 5: Unternehmensarchiv Freudenberg & Co. KG, Weinheim

Alle übrigen Fotos: Philippe Perdereau.

DANKSAGUNG

Herrn Jonas Reif, Chefredakteur der *Gartenpraxis*, danken wir für seine Unterstützung bei der Verwirklichung dieses Buches.

Bibliografische Information der Deutschen Nationalbibliothek
Die Deutsche Nationalbibliothek verzeichnet diese Publikation in der Deutschen Nationalbibliografie; detaillierte bibliografische Daten sind im Internet über http://dnb.d-nb.de abrufbar.

Die französische Originalausgabe erschien unter dem Titel „Hermannshof" Text Cassian Schmidt, Fotos Philippe Perdereau, 2013.
© 2013 Les édition Eugen Ulmer
3, rue Blanche 75009 Paris
Tél.: 01 48 05 03 03
www.edition-ulmer.fr
Projektleitung: Antoine Isambert
Gesamtgestaltung: Guillaume Duprat

Deutsche Lizenzausgabe
© 2013 Eugen Ulmer KG
Wollgrasweg 41, 70599 Stuttgart (Hohenheim)
E-Mail: info@ulmer.de
Internet: www.ulmer.de
Druck und Bindung: Printer Trento Srl.
Printed in Italy

ISBN 978-3-8001-7837-7

FSC www.fsc.org MIX Papier aus verantwortungsvollen Quellen FSC® C015829